La Sagesse du Chat

NEIL SOMESVILLE

Traduit de l'anglais
par Karine Xaragai

EDITIONS ideo

Publié en Angleterre sous le titre *Cat Wisdom : 60 great lessons you can learn from a cat* par HarperCollins publishers.
Illustrations : © Liane Payne

ISBN : 978-2-8246-1155-6
Code Hachette : 64 1359 6
Catalogues et manuscrits : city-editions.com/IDEO

Dépôt légal : Février 2018

Je dédie ce livre
aux chats.

À Roly, Smartie, Lily, Harry,
ainsi qu'à votre chat ou à ceux
de votre connaissance.

Sommaire

Introduction

Les chats occupent une place à part dans la vie de nombre d'entre nous. Leur personnalité complexe, leur affection sincère, leur compagnie et leur élégance naturelle nous procurent de grandes joies et peuvent également nous enseigner – ou nous rappeler – quelques vérités bien utiles au quotidien. En effet, le chat est doué d'une grande sagesse, laquelle transparaît dans certains traits de son caractère : sa persévérance à entreprendre, par exemple. Il suffit de le côtoyer et d'observer son comportement pour en avoir la preuve concrète.

Dans les pages suivantes, vous trouverez ainsi soixante leçons de vie qui s'inspirent directement du chat.

Savourez-les, méditez-les. Vous en ressentirez les bienfaits dans votre vie de tous les jours, du moins c'est ce que je vous souhaite, du fond du cœur.

Persévérer dans ses entreprises

Les chats partent du principe que demander est encore le meilleur moyen d'obtenir ce qu'on veut.

Joseph Wood Krutch

Un chat qui a faim va vous le faire savoir de façon très claire. Qu'il miaule de manière impérieuse, reste dans vos jambes ou fixe d'un regard insistant le placard à croquettes, on ne peut ignorer un chat résolu à obtenir gain de cause. Et il continuera son manège jusqu'à ce que vous cédiez.

Le chat sait que dans la vie, il faut persévérer dans ses entreprises. Car bien souvent, la ténacité s'avère payante. Alors, si vous voulez obtenir quelque chose, n'en faites pas mystère, vous risqueriez d'être déçu. Imitez plutôt le chat : exprimez clairement votre demande. Et recommencez autant de fois que nécessaire. Car c'est en demandant qu'on a le plus de chances de recevoir.

Montrer la reconnaissance

Le chat ne ronronne que
pour son propre plaisir.

Proverbe irlandais

Le chat, hédoniste par nature, aime être choyé. Qu'on le caresse ou qu'on s'intéresse à lui, il manifeste son plaisir par un ronronnement sonore et régulier. C'est sa façon à lui de nous dire « merci . De notre côté, gratifiés par ce retour positif, nous aurons tendance à prolonger la séance de papouilles.

En montrant aux autres que nous apprécions leurs actes à leur juste valeur, nous les confortons dans leur comportement. Ils n'en seront que plus enclins à nous faire plaisir.

Prenez exemple sur le chat : faites cas de la gentillesse et de la sollicitude des autres à votre égard en leur témoignant *ouvertement* votre reconnaissance.

Recharger ses batteries

Aucune journée pourrie
ne résiste à une bonne sieste.

Carrie Snow

Piquer un bon roupillon est l'un des grands plaisirs du chat. Que ce soit au coin du feu ou dans un endroit ensoleillé du jardin, le chat adore se pelotonner et faire la sieste.

Voilà une excellente habitude à adopter : quelques instants de repos nous font toujours le plus grand bien. Isolez-vous quelques minutes au calme, dans un lieu où vous pourrez fermer les yeux, vous couper du bruit et de l'effervescence ambiante. Mieux encore : si vous en avez la possibilité, n'hésitez pas à vous allonger un moment dans la journée. Après une petite pause, vous vous sentirez à nouveau frais et dispos, voire plus productif.

Faites comme le chat : accordez-vous le luxe d'une petite sieste de temps en temps.

Prendre de la hauteur

*Les chats sont une gent mystérieuse :
il se passe plus de choses qu'on
ne croit dans ces têtes-là.*

Sir Walter Scott

Branche d'arbre, avancée de toit… le chat a le don pour choisir un poste stratégique d'où il peut voir sans être vu.

Prendre de la hauteur est toujours profitable. Entraînés par le rythme effréné de notre quotidien, il est rare que nous prenions le temps de faire le point sur notre environnement, nos activités ou nos motivations. Pourtant, il suffit de prendre un peu de champ pour affiner notre point de vue. Avec le recul, de nouvelles idées prennent forme, d'autres perspectives se dessinent.

Faites comme le chat : prenez de la hauteur sur la situation. Votre compréhension et votre ressenti n'en seront que plus justes.

Faire bon accueil à ses amis

L'accueil que peut vous réserver un chat est l'une des choses les plus réconfortantes que je connaisse.

Tay Hohoff

Il arrive que le chat témoigne sa joie de vous revoir en se mettant sur le dos. Parfois, il ira même jusqu'à se laisser caresser le ventre, là où son poil est particulièrement doux et épais. Mais si jamais vous avez le malheur d'effleurer un point à chatouilles, gare !

En effet, pour le chat, se mettre sur le dos est un signe de confiance et d'amitié. C'est un accueil très spécial, réservé à quelques heureux privilégiés.

Faites comme le chat : réservez un accueil tout particulier à vos amis au lieu de les gratifier d'un désinvolte « Salut ! ». Sans aller jusqu'à vous rouler par terre, témoignez-leur *ostensiblement* votre joie de les revoir ! N'hésitez pas à sourire, à manifester votre enthousiasme, à rayonner de plaisir ! Vos amis auront ainsi conscience d'occuper une place à part dans votre cœur. Votre relation n'en sera que plus profonde et plus sincère.

Offrir des cadeaux

Les chats peuvent être très drôles
et exprimer leur joie de nous voir
de manière très pittoresque.
Rudimace, par exemple, faisait
toujours pipi dans nos chaussures.

W. H. AUDEN

En vous offrant la proie qu'il a capturée, le chat vous fait un grand honneur. En effet, déposer une souris morte sur le seuil ou l'apporter dans la maison, c'est sa façon à lui de vous prouver son amour, sa confiance et sa sollicitude. À l'instar de la chatte qui partage sa nourriture avec ses petits, votre chat vous témoigne son attachement en vous offrant ce qui est pour lui le plus beau des cadeaux. Par ce geste, il vous signifie qu'il ne vous laissera pas mourir de faim ni manquer de quoi que ce soit.

Certes, un cadavre de souris risque de ne pas plaire à tout le monde ! En revanche, faire un cadeau à quelqu'un est toujours gage d'affection et de sollicitude. De même, plus vous soignerez l'originalité et la recherche de votre présent, plus il prendra de valeur aux yeux de la personne qui le recevra. Faites comme le chat : offrez de temps en temps un cadeau à vos proches et à ceux que vous aimez. Veillez simplement à le choisir en fonction des goûts de son destinataire !

Garder son esprit de curiosité

Voyez le chat entrer pour la première fois dans une chambre ; il visite, il regarde, il flaire, il ne reste pas un moment en repos, il ne se fie à rien qu'après avoir tout examiné, tout connu.

JEAN-JACQUES ROUSSEAU

À peine introduit-on un objet nouveau dans la maison que le chat veut savoir de quoi il retourne. Il observe la chose, l'inspecte, la flaire. Par exemple, le chat va très vite repérer parmi les sacs de courses celui qui contient du poisson frais ou tout autre mets de choix. S'agit-il d'un coussin, d'un plaid, d'un fauteuil ? Le chat sera le premier à examiner ce nouvel accessoire et à lui attribuer une utilité. Selon les cas, il pourra décider de s'y nicher, d'y dormir, voire de s'y faire les griffes. Même un lave-linge neuf peut faire l'objet d'une inspection en règle, avant que le chat n'estime qu'un lave-linge ne présente aucun intérêt pour un félin.

D'un naturel curieux, le chat est toujours attiré par la nouveauté. Son sens de l'observation lui permet ensuite de tirer le meilleur parti de ses découvertes. Au lieu de nous fermer à la nouveauté, nous devrions nous aussi faire au moins l'effort d'aller vers elle. N'ayons pas peur de l'inconnu, gardons l'esprit ouvert, posons des questions, intéressons-nous au progrès ! C'est le meilleur moyen d'apprendre et d'évoluer dans le bon sens.

Faites comme le chat : ne boudez pas l'excitation de la découverte.

Prendre soin de sa santé

Il est dans la nature des chats de vagabonder en toute liberté.

Adlai Stevenson

Alors qu'il traverse un jardin, le chat va s'arrêter pour mâchonner quelques brins d'herbe. Ce goût pour la verdure peut paraître curieux chez un animal carnivore, mais c'est ainsi que le chat fait le plein d'acide folique, vitamine qui joue un rôle important dans sa digestion.

À l'exemple du chat, veillons à consommer des aliments qui nous font du bien. Les fruits, les légumes, les fibres, les graines et les légumes secs sont autant d'atouts pour notre santé. Alors, pour vivre de manière aussi saine et épanouie que le chat, adoptez un bon régime alimentaire : c'est à la fois une priorité et une question de bon sens.

Faire le gros dos

Le chat s'immisce rarement dans les affaires d'autrui. Son intelligence l'empêche de commettre bien des sottises qui nous compliquent l'existence.

Carl Van Vechten

Dès que le ton monte dans une discussion, le chat tourne les talons et s'en va voir ailleurs. Et s'il ne peut pas changer de pièce, il va se recroqueviller dans un coin, silencieux et immobile, dans l'espoir de se faire oublier.

Les chats ont horreur des tensions et font tout pour fuir les conflits et les rapports de force. Les éclats de voix et les vociférations, tout particulièrement, éveillent leur méfiance. Prenez-en de la graine. Lorsque vous sentez qu'une situation dérape ou qu'une personne va perdre son calme, n'hésitez pas à vous préserver des échanges houleux. Mettez-vous à l'écart et faites profil bas, le temps que l'orage passe.

À l'image du chat, soyez diplomate : dans certaines situations, il est parfois plus sage de « faire le gros dos ».

Se défouler à bon escient

L'une des choses les plus remarquables chez le chaton, c'est sa propension à courir comme un fou après une proie imaginaire, et de s'en désintéresser avant même de l'avoir attrapée.

Agnes Repplier

Le chat a parfois un comportement curieux. Sans crier gare, il se met à courir comme un fou dans la maison, bondissant dans tous les sens avant de s'arrêter tout net et de retrouver son impassibilité habituelle.

Si le chat se comporte ainsi, c'est entre autres pour se libérer de l'énergie qui s'accumule lorsqu'il reste trop longtemps sans se dépenser. Nous sommes nombreux à mener une existence trop sédentaire. Or, le manque d'exercice nuit à notre santé, c'est un facteur de nervosité qui peut causer des difficultés d'endormissement. Comme les chats, nous avons parfois besoin de libérer notre trop-plein d'énergie. Faire une promenade, de l'exercice ou une activité qui requiert un minimum d'effort physique vous permettra de décompresser et de retrouver votre sérénité.

Faites comme le chat : quand la pression est trop forte, lâchez de la vapeur.

Respecter la valeur du sommeil

On ne peut pas éprouver de tension en regardant un chat qui dort.

Jane Pauley

Un chat passe douze à seize heures par jour à dormir comme un bienheureux. Ce faisant, il reconstitue ses forces en prévision des rigueurs à venir.

Certes, nous n'avons pas les mêmes besoins en sommeil que le chat, néanmoins, nous aurions tort de négliger ses vertus. Le sommeil nous permet de débrancher, d'assimiler les pensées et les événements de la journée : il nous prépare physiquement et psychologiquement à affronter le lendemain. Dormir est donc essentiel à notre bien-être, même si, pris par les exigences de la vie moderne, nous sommes parfois tentés de rogner sur notre temps de sommeil pour le consacrer au travail. Cependant, priver notre corps de ce repos indispensable risque d'avoir un impact néfaste sur notre qualité de vie. Comme le chat, nous devons respecter notre cycle de sommeil et prendre pleinement conscience de son effet régénérant sur l'organisme et l'humeur. C'est en dormant que nous boostons notre vivacité intellectuelle, notre dynamisme et notre productivité.

N'ignorez pas la valeur du sommeil – le chat, lui, ne la connaît que trop bien.

Temporiser

On sous-estime
l'intelligence du chat.

Louis Wain

Le chat réclame son repas avec insistance, mais lorsque vous déposez son écuelle devant lui, il semble changer d'avis et s'éloigne. Au bout d'un moment, il peut se raviser et revenir grignoter quelques croquettes, mais bien souvent, il va attendre qu'on lui serve quelque chose de meilleur. Mieux vaut parfois ne pas accepter la première proposition qu'on vous fait, le chat le sait bien. Aussi préfère-t-il attendre de voir quelles autres possibilités s'offrent à lui avant de se décider.

Pourquoi ne pas différer parfois notre décision ? Si l'on vous fait une offre, plutôt que de l'accepter sans discussion, prenez le temps de réfléchir. Cette proposition correspond-elle vraiment à vos attentes ? Qu'implique-t-elle de votre part ? Peut-elle être améliorée ? Parfois oui, parfois non… Il n'en demeure pas moins qu'en matière de négociations, patience et maîtrise de soi sont de précieux atouts, le chat l'a bien compris.

Faites donc comme lui : laissez venir, avant de prendre une décision définitive. Temporiser peut avoir du bon.

S'étirer

Si s'étirer rapportait de l'argent,
le chat serait riche.

Proverbe africain

Lorsqu'un chat émerge de sa sieste, il aime s'étirer longuement. Pour son plaisir, bien sûr, mais aussi pour réveiller ses muscles et améliorer sa circulation sanguine : bref, ces étirements le préparent aux activités qui l'attendent.

S'étirer peut nous faire le plus grand bien ! En particulier à ceux d'entre nous qui restent assis toute la journée. S'étirer de temps en temps redonne de l'énergie, soulage les tensions musculaires, améliore la posture, la souplesse et le bien-être. Ce n'est pas pour rien que le chat est un inconditionnel des étirements !

Faites comme le chat : pensez à vous étirer dans la journée, voire à pratiquer quelques exercices de stretching. Vous avez tout à y gagner !

Associer la récompense à l'effort

Les chats peuvent se montrer coopératifs si la chose leur est agréable, le plaisir étant pour eux le critère essentiel à toute activité.

Roger A. Caras

Comme tout un chacun, le chat aime être récompensé. Par exemple, pour l'habituer à passer par la chatière, il suffit parfois de lui présenter une friandise qu'il apprécie. De même, si lorsqu'on l'appelle, c'est en général pour lui donner à manger, le chat aura tendance à venir dès qu'il entendra son nom. Parce que la perspective de se régaler justifie l'effort d'aller jusqu'à son écuelle.

Il en va de même pour nous. La carotte nous motive toujours plus que le bâton. Quand vous souhaitez mener un projet à bien, gardez en ligne de mire votre objectif final et les avantages que vous en escomptez. Si une pâtée appétissante peut suffire à motiver le chat, la notion de récompense est infiniment plus vaste pour nous. La persévérance peut être source de nombreux avantages, aussi, pour nous soutenir dans l'effort, poursuivons notre but sans perdre de vue le résultat final.

Soigner son apparence

Le chat est un ornement vivant.

Edwin Lent

Si le chat passe autant de temps à faire sa toilette, c'est pour une bonne raison. Prendre soin de son pelage lui permet de rester propre et lui garantit une protection contre les intempéries. En outre, si vous l'avez caressé ou manipulé peu de temps auparavant, quelques coups de langue bien placés lui permettront de lisser son poil et de remplacer votre odeur par la sienne. Le chat, qui met un point d'honneur à être toujours impeccable, prend grand soin de lui et c'est tout à son profit.

Ce principe s'applique aussi aux humains. En prêtant attention à nous – à notre hygiène, à notre apparence et à notre mise – nous renforçons notre bien-être physique, mais également notre confiance en nous. Faites comme le chat : procédez à une toilette complète. Vous améliorerez votre présentation, mais surtout, vous vous sentirez mieux dans votre corps et dans votre tête.

« Il faut soigner les apparences », dit-on. Soigner la sienne n'offre que des avantages.

Faire preuve de courage

*Au plus profond de nous-mêmes,
nous sommes tous animés par
les mêmes désirs. Les chats, eux,
ont le courage de les vivre.*

Jim Davis

On ne compte plus les récits de chats ayant parcouru d'impressionnantes distances pour rentrer chez eux.

Se lancer dans ce genre de périple exige un grand courage de la part du chat qui va devoir affronter beaucoup de dangers sans garantie d'arriver à bon port. Quand un rêve nous tient vraiment à cœur, nous sommes prêts à tout pour le réaliser, même si, comme le chat, nous devons pour cela nous aventurer bien au-delà de notre périmètre de sécurité. Oui, il faut du courage pour se lancer sur les routes, mais un voyage de mille lieues commence toujours par un premier pas.

Par son remarquable courage, le chat nous montre la voie. Si nous voulons réaliser nos rêves, il va nous falloir puiser très loin dans nos réserves et exploiter des capacités dont nous ignorions l'existence. Mais comme l'a si bien dit Virgile : « La chance sourit aux audacieux. Et de fait, à force de volonté et de courage, ce sont les audacieux qui arrivent le plus souvent à destination.

Le chat est capable d'un grand courage. Nous aussi.

Tirer le meilleur parti des choses

Tout ce qui s'agite devient pour le chat un jeu de badinage.

François-Augustin de Paradis de Moncrif

L'absence de souris dans les parages n'empêche pas le chat d'exercer ses talents de chasseur. Dans le jardin, il va traquer une feuille d'arbre ou un bout de papier apporté par le vent et, après quelques secondes d'immobilité, il va sauter dessus à pattes jointes. Ces substituts lui permettent au moins de s'entraîner à la chasse et de rester affûté en attendant le passage d'une proie en chair et en os.

Le chat sait tirer le meilleur parti des choses, pourquoi ne pas l'imiter ? Même si toutes les conditions ne sont pas réunies pour agir, il y a souvent moyen dans l'intervalle d'employer son temps à bon escient. Par exemple, vous n'êtes pas obligé de fréquenter une salle de sport pour garder la forme. Beaucoup d'exercices n'exigent aucun équipement particulier : pourquoi ne pas les pratiquer chez vous ? De même, on peut s'investir dans des étapes préalables comme l'étude, la préparation, la modélisation ou l'entraînement, à défaut de pouvoir se lancer tout de suite dans la concrétisation d'un projet.

Soyez aussi ingénieux que le chat : tirez le meilleur parti de ce que vous avez sous la main. En agissant de façon constructive au présent, vous impulserez un élan positif à long terme.

Parler avec les yeux

C'est dans leurs yeux
que réside la magie.

Arthur Symons

Le chat a de très grands yeux par rapport à sa petite tête. La vision est un sens primordial pour le chat. Ses pupilles verticales lui permettent d'adapter sa vue au degré de luminosité et de chasser en toutes circonstances, même dans l'obscurité. Mais ses yeux lui servent aussi à communiquer.

Si le chat ouvre grand les yeux, c'est signe qu'il est attentif. Si son regard devient fixe, attention, c'est signe d'agressivité. S'il a les yeux mi-clos, il est calme et en confiance.

Les yeux du chat nous en disent long sur son humeur et ses émotions – ce n'est pas pour rien qu'on dit des yeux qu'ils sont les « fenêtres de l'âme. Nos propres yeux peuvent aussi être très éloquents. Ils vont s'agrandir sous l'effet de l'intérêt ou de l'attirance. Lever les yeux vers la gauche indique que nous fouillons dans nos souvenirs. À l'inverse, lever les yeux vers la droite suggère une pensée plus créative. Attention, cependant : baisser les yeux et éviter le regard de l'autre peut signifier la gêne ou l'absence d'intérêt.

Les chats se servent de leurs yeux pour communiquer, et nous aussi, bien que nous n'en ayons pas toujours conscience. Dans vos relations personnelles et professionnelles, observez les yeux de votre interlocuteur : vous appréhenderez mieux son mode de pensée, voire sa pensée tout court.

Connaître son environnement

*Quand elle marchait… elle allongeait
le pas, mince et souple comme
un bébé tigre, haussant la tête
pour voir par-dessus les herbes
comme si elle traversait une jungle.*

Sarah Orne Jewett

Le territoire est une notion essentielle pour le chat, c'est pourquoi il se soucie toujours de connaître le sien jusque dans ses moindres recoins. En effet, son environnement lui sert à la fois de terrain de chasse et de refuge.

Si la maison constitue souvent sa base, le chat possède également son propre territoire à l'extérieur, une zone qu'il marque de son odeur et qu'il exploite au maximum.

À l'image du chat, nous accordons une grande importance à notre foyer. En revanche, nous ne profitons pas toujours au mieux de notre environnement immédiat, négligeant les ressources, équipements et distractions que notre ville et notre quartier mettent pourtant à notre disposition.

Si le chat considère son environnement comme une véritable corne d'abondance, le vôtre recèle également quantité de choses à voir et à faire ! Alors, prenez exemple sur le chat : apprenez à connaître votre environnement et découvrez-en les nombreux attraits et avantages.

Être à l'écoute de l'autre

Les chats sont plus aptes à décrypter
nos états d'âme qu'un psychiatre
à cinquante dollars la consultation.

PAUL GALLICO

Il suffit que vous vous sentiez patraque pour que votre chat vienne s'asseoir près de vous ou qu'il se couche paisiblement à vos côtés. Comme s'il était en phase avec notre ressenti, le chat nous fait cadeau de sa présence, mais aussi du réconfort dont nous avons besoin dans ces moments-là. Ce faisant, le chat peut avoir un effet thérapeutique certain.

Le chat nous donne là une leçon précieuse. Si l'une de vos connaissances est souffrante ou un peu déprimée, montrez-lui votre sollicitude en lui proposant votre aide ou en s'enquérant de son état. Une simple parole peut être un véritable baume sur le moral d'une personne malade.

Cela vaut pour toutes les situations du quotidien : l'écoute et la bienveillance sont des vertus inestimables dans les relations humaines. Faites comme le chat : soyez sensible aux souffrances des autres et n'hésitez pas à leur témoigner votre compréhension. Vous découvrirez qu'une petite marque d'attention peut procurer un immense réconfort.

Méditer au calme

*Le chat demeure dans le cercle
de ses pensées secrètes.*

AGNES REPPLIER

À certains moments de la journée, le chat semble abîmé dans ses pensées, immobile et silencieux comme une statue. Certes, nous n'avons pas le privilège de savoir ce qui lui passe par la tête, mais tout son corps au repos paraît indiquer un parfait état de contentement.

Nous pouvons nous inspirer de cette posture contemplative en nous octroyant une parenthèse consacrée à la réflexion. Le silence et l'immobilité nourrissent le corps et l'esprit : les idées viennent plus facilement et les pensées s'ordonnent d'elles-mêmes, accompagnées par un sentiment de calme intérieur.

Comme l'énonçait Pythagore : « Apprends à faire silence. Que ton esprit en paix écoute et absorbe.

Faites comme le chat : favorisez votre réflexion par le calme et l'immobilité.

S'accorder une récréation

Les chats sont des êtres magiques…
Plus vous les papouillez,
plus vous augmentez votre
espérance de vie et la leur.

Anonyme

Par sa seule présence, le chat apporte le bonheur dans la maison. Et si vous prenez en plus le temps de favoriser vos échanges, notamment par le jeu, votre complicité n'en sera que plus joyeuse. En jouant avec votre chat, vous renforcez le lien qui existe entre vous et vous vous faites mutuellement du bien. Le jeu stimule l'esprit du chat, lui permet de dépenser son trop-plein d'énergie (cause de troubles du comportement) et augmente sa confiance en lui, surtout si vous développez sa sociabilité par le biais de l'interaction.

Jouer avec son chat est toujours un intermède bienvenu dans la journée. C'est l'occasion de se distraire, de se détendre, bref de s'octroyer une petite récréation – un véritable luxe dans le rythme trépidant de notre vie.

Le chat est source de nombreux enseignements, mais n'oubliez pas pour autant de jouer avec votre petit philosophe griffu. À la fin de la récré, le chat ronronne et vous avez le sourire aux lèvres. Nous avons tous besoin d'une petite récréation de temps en temps, c'est bon pour la santé et le moral.

S'imprégner des senteurs

L'herbe à chat, c'est le whisky et la vodka de la plupart des félins.

CARL VAN VECHTEN

L'odorat est un sens crucial pour le chat, à tel point qu'il possède environ deux cents millions de récepteurs olfactifs dans les narines, contre cinq millions pour nous.

Le chat se sert des odeurs comme moyen d'identification ; lorsqu'il se frotte à vos jambes, il transfère un peu de son odeur sur vous afin de vous intégrer à son groupe social. Il se sert également du marquage olfactif pour communiquer avec ses congénères. Et si jamais il lui arrive de sentir de l'herbe à chats, il peut entrer dans une sorte de transe extatique tant ce parfum lui fait de l'effet.

Le chat attache beaucoup d'importance aux odeurs et nous aurions tout intérêt à suivre son exemple. Parfums, eaux de Cologne et après-rasages sont agréables à respirer, mais ils ont aussi un effet positif sur notre moral. Beaucoup de personnes se délectent du parfum des fleurs, de la senteur du pain encore tiède, de l'arôme du café fraîchement moulu qui créent tout de suite une atmosphère chaleureuse, comme bien d'autres

odeurs alléchantes. Certaines senteurs favorisent aussi notre bien-être : le citron et la menthe poivrée nous aiguisent l'esprit, tandis que le parfum de la lavande procure un sentiment de calme et induit un sommeil réparateur.

Les odeurs jouent un rôle essentiel dans la vie du chat. À notre manière, nous pouvons nous aussi nous en servir pour rendre notre environnement plus agréable ou créer une ambiance propice au repos et à la relaxation.

Réfléchir avant d'agir

J'ai beaucoup étudié les philosophes et les chats. La sagesse des chats est infiniment supérieure.

Hippolyte Taine

Le chat veut sortir. Mais alors qu'on lui ouvre la porte, il s'aperçoit qu'il pleut, qu'il fait du vent… bref, que le temps est tout sauf engageant. Est-il bien sage de mettre la truffe dehors, tout compte fait ? Le chat se met à remuer la queue, signe qu'il tergiverse. Il fera de même s'il a le choix entre faire une somme devant un bon feu ou dormir sur un lit douillet. Dans tous les cas, il va peser le pour et le contre. Cette façon d'agiter la queue de droite à gauche indique un dilemme : le chat est tiraillé entre deux options. Nous devons également l'interpréter comme un avertissement : « Laissez-moi tranquille, je réfléchis.

À l'image du chat, n'hésitez pas à signaler aux autres que vous avez besoin d'un temps de réflexion. Demandez-leur le silence ou bien isolez-vous dans un endroit où vous pourrez débattre en votre for intérieur sans risque d'être dérangé. Les grandes décisions ne se prennent pas à la va-vite : elles exigent du temps et de la sérénité. Une fois ces deux conditions réunies, vous pourrez trancher avec plus d'assurance et de sagesse.

S'adapter

Ce qu'il y a de vraiment bien chez
les chats, c'est leur variété infinie.
À chaque décor, teinte, projet, revenu,
personnalité, humeur, on peut trouver
un chat qui correspond. Mais, quelle
que soit la couleur de sa robe,
sous le pelage bat toujours le cœur
d'un être véritablement libre.

ÉRIC GURNEY

Si le chat connaît un tel succès comme animal de compagnie, c'est entre autres parce qu'il sait s'adapter à tous les foyers. Calme, secret, mais affectueux, le chat se coule sans peine et sans bruit dans notre existence, et ce pour notre plus grand bonheur. Mais à peine s'aventure-t-il au-dehors qu'il réintègre son univers félin et se réapproprie tous ses codes. Car le chat est doté d'un sens de l'adaptation exceptionnel. Même ceux nés à l'état sauvage parviennent à s'accommoder des conditions propres à la vie moderne, puisque leur nombre est en augmentation.

Tout comme le chat, nous devons cultiver notre sens de l'adaptation si nous ne voulons pas être dépassés par notre époque. Nous vivons une ère de changements rapides, caractérisée par de nouveaux systèmes, de nouveaux procédés et de nouvelles technologies. Plutôt que de résister aux transformations de notre quotidien, mieux vaut aller dans le sens du progrès en effectuant les ajustements nécessaires. S'attacher obstinément à d'anciennes pratiques ou à des procédés

obsolètes risque de nous laisser sur le bord de la route. Aussi devrions-nous tous nous inspirer du chat qui a su s'adapter avec aisance et succès aux exigences de notre époque. En l'imitant, nous pourrons profiter pleinement des avantages que nous offre le présent.

Prendre son destin en main

Dans sa tanière, même une chatte est une lionne.

Proverbe indien

Le chat est un animal sociable : il apprécie la compagnie, que ce soit celle des humains ou celle de certains de ses congénères. Pourtant, quel que soit l'amour qu'il éprouve pour son maître, le chat a également besoin d'une certaine marge d'indépendance. En particulier lorsqu'il chasse, le chat aime être seul. Poussé par son instinct de conservation, il prend son destin en main ; il s'assume, car dans la nature, il serait seul responsable de son existence, voire de sa survie.

Nous avons nous aussi le devoir de nous assumer. Notre parcours de vie n'est que la conséquence de nos actes et de l'usage que nous faisons de nos compétences, de nos aptitudes et des occasions qui s'offrent à nous. Néanmoins, contrairement au chat, nous avons parfois tendance à nous dissimuler derrière des prétextes ou à nous « refiler la patate chaude . Faites donc comme le chat : prenez vos responsabilités, assumez vos actes, car c'est vous qui écrivez en grande partie le scénario de votre film. Certes, le chat a la belle vie, il affiche volontiers son côté opportuniste, mais il sait aussi se débrouiller seul. Le chat n'est pas du genre à fuir ses responsabilités. Ne fuyons pas les nôtres.

Utiliser le langage corporel

J'ai vu un chat de toute beauté, aujourd'hui. Il était assis au bord de la route, les deux pattes jointes avec grâce l'une contre l'autre. Puis, avec une élégance empreinte de solennité, il a enroulé sa queue autour de lui, en un cercle parfaitement ajusté. C'était un mouvement fluide et impeccable, imbu de suffisance, de contentement de soi.

Anne Morrow Lindbergh

Le chat possède une gestuelle particulièrement éloquente. Sa façon de tenir sa queue, la position de ses oreilles (qu'il peut orienter à sa guise) et sa posture en général sont autant de messages par lesquels il communique son humeur et ses émotions. Par exemple, des oreilles et la queue bien droites peuvent s'interpréter comme un signal positif. En revanche, si le chat a les oreilles plaquées en arrière et la queue hérissée, c'est signe d'anxiété. Enfin, si d'aventure le chat se précipite vers vous le bout de la queue frémissant, il manifeste sa joie de vous voir.

Les chats possèdent un langage corporel des plus efficaces. Le nôtre est tout aussi parlant, mais encore faut-il avoir conscience des signaux que nous envoyons. Se tenir les bras croisés, par exemple, crée une barrière entre vous et les autres, alors que si votre interlocuteur adopte (en miroir) une posture semblable à la vôtre, c'est en général un signe d'acquiescement et de bonne entente. Vous pencher vers l'autre peut également signifier votre intérêt pour ses propos, de même qu'un hochement encourageant de la tête.

Le chat maîtrise à la perfection les techniques de langage corporel. Il nous suffit d'être attentifs à nos propres gestes et postures pour ajouter à notre communication une dimension non verbale qui viendra enrichir et préciser nos relations aux autres.

Cultiver la patience

Un chat sait anticiper.

Roger A. Caras

Quand un chat en train de rôder découvre un terrier sur son terrain de chasse, il va s'immobiliser, l'œil aux aguets, prêt à fondre en une fraction de seconde sur le rongeur qui peut en émerger. Le chat est capable de rester longtemps à l'affût, parfois plus d'une heure, car il sait que s'il ne veut pas revenir bredouille, il doit attendre son heure.

Nous sommes parfois frustrés de ne pouvoir accéder tout de suite à certaines choses qui nous font très envie et semblent en outre à portée de main. Pourtant, si elles comptent autant pour nous, nous devons, comme le chat, apprendre à ronger notre frein en nous rappelant que notre objectif et les avantages que nous en escomptons valent la peine d'attendre. Comme l'écrivait Jean-Jacques Rousseau : « La patience est amère, mais son fruit est doux.

À l'instar du chat, sachez vous armer de patience, mais soyez prêt à sauter sur l'occasion le moment venu.

Faire le point

J'ai plus souvent vu un chat raisonner que rire ou pleurer.

Miguel de Unamuno

Alors qu'il vadrouille d'un pas nonchalant sur son territoire, il arrive que le chat se fige brusquement, tous ses sens en éveil. Il s'agit pour lui de percevoir tout ce qui se passe autour de lui afin de réévaluer la situation.

Faire une pause dans notre existence peut nous être également très bénéfique. Cela nous permet de mettre de l'ordre dans nos idées, de prendre conscience des évolutions de notre environnement et de modifier le cap ou de corriger notre approche.

Plutôt que de mener notre existence tambour battant, mieux vaut imiter le chat : prendre le temps de faire le point à certains moments et réévaluer la situation afin d'anticiper au mieux les événements et les changements de notre quotidien.

Entretenir l'amitié

Conquérir l'amitié d'un chat est chose difficile […], mais une fois qu'il s'est donné à vous, quelle confiance absolue, quelle fidélité d'affection ! Il se fait le compagnon de vos heures de solitude, de mélancolie et de travail. Il reste des soirées entières sur votre genou, filant son rouet, heureux d'être avec vous et délaissant la compagnie des animaux de son espèce.

Théophile Gautier

Dans la journée, le chat va vous offrir sa compagnie et son amitié. Il va se lover sur vos genoux, marquer son plaisir de voir revenir un membre de la famille et se joindre volontiers à vous dans certaines occasions, en particulier s'il s'agit de jouer. C'est ainsi qu'il émaille de sa présence bienveillante le quotidien de la maisonnée. Ce comportement amical lui attire les faveurs et l'amour de tout votre entourage.

Nous ne devons pas négliger notre vie sociale : elle participe à notre bonheur. Voilà pourquoi vous avez tout à gagner à aller vers les autres. Comment élargir votre réseau social ? En commençant par vous renseigner sur les activités que propose votre quartier. C'est un excellent moyen de vous faire de nouvelles connaissances et de lier de nouvelles amitiés. L'amitié s'entretient comme une plante. N'oubliez pas de demander des nouvelles de vos amis. Montrez-leur votre soutien, encouragez-les, prêtez-leur une oreille attentive, bref *soyez leur ami*. Par sa présence discrète et aimante, le chat vous rappelle tous les jours que l'amitié est un

important facteur de bien-être. C’est un échange qui enrichit et embellit l’existence.

Ainsi que l’écrivait saint Thomas d’Aquin : « L’amitié est le bien le plus précieux qui soit ici-bas.

Profiter de l'instant présent

Si nous trouvons tant de charme et d'agrément aux animaux de compagnie, c'est parce qu'ils profitent, avec calme et placidité, de l'instant présent.

Arthur Schopenhauer

Le chat vit au présent, ce qui lui permet de toujours tirer le meilleur parti des circonstances. Si le temps est agréable et que le chat a la possibilité de sortir, il ira profiter du soleil tant qu'il brille. De même, s'il fait froid et humide, le chat aura grand plaisir à se pelotonner sur un lit moelleux et confortable. Enfin, s'il repère des personnes de bonne compagnie, il aura tendance à se joindre à elles.

Le chat sait goûter le moment présent, en exploitant au maximum les plaisirs et avantages immédiats qu'il lui offre. Bien sûr, notre agenda n'est pas comparable à celui d'un chat. Bien souvent, nous sommes soumis à une charge mentale non négligeable et nous croulons sous le nombre des différentes tâches à accomplir. Malgré tout, nous avons toujours intérêt à savourer l'instant présent. Profiter de ses proches ou de son animal (voire de ses animaux), s'investir dans des activités, des projets ou des hobbies, voilà quelques exemples à la fois simples et gratifiants. Conjuguer sa vie au présent est une chance ainsi qu'une source d'épanouissement.

Le chat nous le démontre tout au long de la journée : il faut profiter pleinement de l'instant présent. Le présent est *notre* temps, un temps que nous devons réinvestir à sa juste valeur.

Tomber huit fois, se relever neuf

Dans sa grande prévoyance,
la Nature a donné à cette créature
neuf vies au lieu d'une.

Panchatantra

On prétend que le chat a neuf vies, tant il est vrai qu'au cours de son existence, il va prendre des coups, essuyer quelques déboires, et même se retrouver dans des situations carrément fâcheuses. Bien souvent, sa curiosité et sa nature aventureuse lui jouent des tours, mais la plupart du temps, le chat s'en sort indemne et retombe rapidement sur ses pattes.

La vie nous réserve à tous des épreuves plus ou moins pénibles. Pourtant, à l'image du chat, nous sommes des êtres doués d'une remarquable résistance. Nous tirons des leçons face à l'adversité, nous nous adaptons au changement et s'il le faut, nous sommes capables de prendre un nouveau départ. Car les échecs sont porteurs d'enseignement et les défis sont là pour être relevés : ce sont eux qui nous façonnent et nous permettent de nous dépasser.

Certes, nous n'avons pas les neuf vies du chat, mais cela ne nous empêche pas d'en vivre neuf en une. Notre force intérieure et notre capacité à rebondir font de nous des êtres aussi aptes à la survie que le chat.

Se ressourcer à l'écart du monde

Là où se trouve un chat,
se trouve aussi le bonheur.

STANLEY SPENCER

Chaque chat possède son coin de prédilection. Selon les cas, il va s'agir d'un buisson particulièrement touffu, d'un certain rebord de fenêtre, d'un toit de garage ou d'une branche d'arbre.

Et si votre chat s'éclipse dans la journée, il y a de fortes chances pour que vous le retrouviez tranquillement installé dans ce lieu dont il apprécie le confort et la sécurité.

Se ressourcer de temps en temps à l'écart du monde est nécessaire à notre équilibre. N'importe quel lieu peut faire office de coin de paradis à partir du moment où nous sommes sensibles à son ambiance, à son silence ou à son esthétique.

L'essentiel, c'est que nous puissions y être en harmonie avec nous-mêmes ou nous y adonner à la détente et à la relaxation. Ce havre de paix peut être une remise, une « tanière, un coin de jardin, un paysage remarquable par sa beauté ou par les souvenirs qui s'y rattachent. De toute façon, c'est dans ce genre d'endroit que peut s'épanouir notre vie intérieure.

Le chat ne céderait pour rien au monde ses coins de prédilection… et nous devrions suivre son exemple : choisir et nous aménager un espace bien à nous. Un lieu où nous pouvons nous retrouver face à face avec nous-mêmes.

Avancer avec optimisme

Au sein d'un monde qui a toujours été un peu fou, le chat avance avec confiance.

Roseanne Anderson

Quand le chat part en vadrouille, c'est toujours dans l'espoir que la chance lui sourie. Et de fait, nombreuses sont les bonnes fortunes qui peuvent l'attendre au détour de ses déambulations : une souris imprudente, une friandise inattendue, la caresse d'un voisin bien disposé ou une source quelconque de jeu. Quoi qu'il en soit, le chat avance dans un état d'esprit positif et, comme il croit en sa bonne étoile, il attire la chance à lui.

C'est également valable pour nous. Si nous avançons dans la vie avec confiance et optimisme, il y a fort à parier que nous allons forcer la chance, provoquer l'événement et créer l'occasion. Car, comme le faisait observer J. B. Morgan : « Lorsque vous escomptez que quelque chose se produise [...] par un fait étrange, [...] c'est précisément ce qui se passe.

Faites donc comme le chat : lorsque vous vous lancez dans une entreprise, allez-y l'esprit ouvert et le cœur rempli d'espoir.

Prendre de l'exercice

L'une des choses que je préfère chez les chats, c'est leur culte du bien-être physique.

Sir Compton MacKenzie

Le chat est un chasseur qui, pour être performant, a besoin de rester agile et affûté. Qu'il bondisse d'un muret à l'autre, escalade une haie, course une souris ou gratte un coin du jardin, il n'arrête pas de faire de l'exercice.

Le chat accorde une grande importance à son hygiène de vie, c'est pourquoi il veille à entretenir sa condition physique autant qu'à effectuer régulièrement sa toilette, conscient que les deux participent de son bien-être général.

À l'exemple du chat, nous pouvons entretenir notre forme en faisant de l'exercice de façon régulière et adaptée, selon notre âge et notre état de santé – dans tous les cas, un spécialiste saura nous conseiller au mieux. La pratique d'un sport procure une sensation de bien-être mental et physique, améliore notre silhouette et nous encourage à nous dépasser.

Nul besoin pour autant de rechercher la performance ! La marche rapide ou des disciplines douces telles que le yoga, la gymnastique Pilates

ou le tai-chi peuvent changer de façon durable notre rapport au corps et à la vie.

Faites comme le chat : faites-vous du bien en prenant soin de votre corps.

Être attentif aux sons

Le chat a l'oreille nerveuse et mobile ;
Il l'oriente côté face, côté pile.
Mais ce qu'entend le chat,
Nul autre que lui ne le saura.

David Morton

Le chat – jusqu'à un grand âge en tout cas – possède une ouïe excellente. Les oreilles de ce chasseur émérite, capables de pivoter à 180 degrés, lui permettent de déceler les bruissements et les couinements les plus infimes, mais également de repérer la source du son et de calculer la distance qui l'en sépare. Même plongé dans un profond sommeil, le chat va se réveiller en sursaut dès lors qu'un son prometteur ou inquiétant parvient à ses oreilles. D'un autre côté, son audition surdéveloppée explique qu'il soit vite dérangé par un environnement sonore trop présent.

Notre ouïe n'a pas la finesse de celle du chat, cependant, nous aurions tort de négliger ce sens si fragile et délicat. La vie moderne nous bombarde de bruits à tous les instants : quand ce n'est pas le vacarme de la circulation, c'est celui des machines, des bavardages incessants, des médias, etc. Le problème, c'est qu'à terme, notre ouïe peut en pâtir.

Échapper aux nuisances sonores n'est pas toujours facile. Malgré tout, il est bien agréable de

se retirer au calme afin de ne plus subir le bruit, mais au contraire d'écouter… D'écouter pour le seul plaisir d'écouter. Être attentif aux sons de la nature : le chant des oiseaux (qui intéresse toujours beaucoup nos amis félins…), le murmure d'une source, le crépitement de la pluie, voire, chose rare s'il en est, le silence absolu.

Les oreilles hypersensibles du chat captent tous les sons alentour, l'amenant souvent à fuir les environnements bruyants. Faites comme le chat : échappez dès que possible au vacarme ambiant et goûtez les bienfaits du silence sur votre esprit.

Mais n'oubliez pas d'écouter.

D'accueillir les sons en pleine conscience.

Sauter sur l'occasion

Le bourdonnement
de l'ouvre-boîte […] va tirer
le chat de son sommeil
le plus profond et le faire
débouler dans la cuisine.

BARBARA L. DIAMOND

Si un placard contient de bonnes choses à manger et que le chat entend qu'on ouvre ledit placard, vous pouvez être sûr qu'il va rappliquer dare-dare. Si une porte s'entrebâille et que le chat veut aller dans une autre pièce, il y a de fortes chances pour qu'il vous passe devant, sans même que vous vous en rendiez compte. Le chat est le roi des opportunistes : il sait que s'il ne réagit pas à la seconde, l'occasion risque de lui passer sous les moustaches.

Il en va de même pour nous : il faut battre le fer tant qu'il est chaud. En effet, les occasions sont rares et elles passent vite. Aussi devons-nous sauter dessus lorsqu'elles se présentent.

Faites comme le chat : saisissez votre chance *tant qu'il est encore temps*. Ainsi, vous tirerez le meilleur profit de ce que la vie vous offre.

Faire de beaux rêves

[Le chat est] un rêveur dont
la philosophie consiste à dormir
et à laisser dormir.

Saki

Le chat aime dormir et il lui arrive souvent de rêver. Cela se traduit par un soudain frémissement des moustaches, un léger mouvement des pattes, des geignements de chaton ou un babil assourdi. De quoi rêve le chat ? Comme nous, revit-il certains moments de sa journée ou évolue-t-il dans une situation purement imaginaire ?

Rêver est utile à notre psychisme : le rêve nous permet d'assimiler les événements de la journée, d'évacuer nos émotions, de résoudre des situations de stress par des jeux de rôle et d'explorer notre imaginaire. Certaines personnes – en particulier les artistes – trouvent leur inspiration dans les rêves qu'elles vont pouvoir, dès le lendemain, exprimer dans un processus de création.

Rêver est une activité cérébrale nécessaire à l'équilibre psychique. Or, le chat est un gros dormeur. Serait-ce pour cela qu'on prétend qu'il a une vie de rêve ? À nous aussi, rêver apporte la sérénité et nous aurions tort d'ignorer ou de négliger nos rêves. Car ce qui se passe dans notre

cerveau pendant notre sommeil est à la fois réparateur et enrichissant sur le plan psychologique et affectif. Le rêve nous aide en effet à résoudre nos conflits interpersonnels et à voyager dans l'univers de nos fantasmes et de nos peurs.

En définitive, pour les chats comme pour nous, il n'y a que du bon au pays des rêves.

Gérer le stress

Les chats n'aiment pas
qu'un changement s'opère
sans leur consentement.

Roger A. Caras

Le chat n'aime pas le stress. Du coup, lorsqu'il le subit, il se met à envoyer des signaux destinés à nous faire part de son malaise. Le chat peut exprimer sa souffrance de diverses manières : en fuyant les contacts, en modifiant son comportement alimentaire, en s'adonnant à une toilette compulsive (ou, à l'inverse, en négligeant totalement son hygiène), en devenant hyperactif ou miauleur. Si le chat exprime son stress de bien des façons, son message, lui, reste clair dans tous les cas et on ne peut ignorer son appel à l'aide.

Nous traversons nous-mêmes des périodes de stress dans l'existence et, comme le chat, nous envoyons dans ces moments-là des signaux révélateurs de notre mal-être. Étrangement, nous avons même une réaction en commun avec les félins. Quand il a peur, le chat hérisse ses poils pour paraître plus gros. De notre côté, nous avons les cheveux qui se dressent sur la nuque, ce qui nous amène à frictionner cette zone pour en chasser le stress. De même, se tordre les doigts, enrouler ses jambes autour des pieds d'une chaise ou se

couvrir la bouche d'une main quand on parle sont autant de signes de malaise.

Le chat nous fait savoir de façon visible – et parfois audible – qu'il est en état de stress. Ce faisant, il nous demande notre aide de façon indirecte. Contrairement au chat, nous avons parfois tendance à dissimuler, voire à nier notre anxiété, le plus souvent à nos dépens. Pourtant, en étant à l'écoute de nous-mêmes et en tenant compte des signaux d'alerte de notre corps, nous pourrions mieux appréhender la source du problème et l'aborder de façon plus efficace.

Le stress nous affecte, le chat et nous. Voilà pourquoi nous devons tous deux savoir le reconnaître, mais aussi le combattre.

Se ménager un moment à soi

Un bâillement,
un étirement,
il se lève
et il s'en va.
Le chat,
Dans son monde à lui.

Neil Somerville

Certaines fois, un chat s'éclipse en douce, laissant son maître perplexe. Où est-il donc passé ? En menant l'enquête, on le retrouve pelotonné sous un lit ou dans le jardin, dans un coin à l'écart. Le chat a simplement ressenti un soudain besoin de solitude.

Ce genre de parenthèse est salutaire au chat… et à nous aussi.

Nous avons tous besoin de moments à nous. D'être seuls, dans le silence et dans le calme, pour nous retrouver ou simplement vaquer à nos occupations sans être dérangés.

Si vous avez envie d'un petit moment d'intimité et qu'il y a du monde autour de vous, vous pouvez tout simplement dire : « Veuillez m'excuser, mais j'ai besoin de me retirer un instant. Votre entourage est tout à fait à même de le comprendre. Et de votre côté, si vous estimez qu'une personne a besoin d'une petite parenthèse d'intimité, respectez son désir de solitude et laissez-la dans sa bulle.

Il nous arrive à tous d'avoir besoin de nous replier à l'abri des sollicitations diverses. À l'instar du chat qui se retire dans sa cachette pour s'octroyer quelques instants de paix, nous avons parfois besoin de nous retrouver dans le calme et la solitude de notre jardin secret.

Opter pour le nec plus ultra

L'assiette déplaît au chat, le papier journal encore plus : il préfère se délecter de petits bouts de viande crue bien collante sur un fauteuil garni de coussins ou sur un beau tapis de Perse.

Margaret Benson

Le chat a des goûts de luxe. Si on lui donne à choisir entre deux sortes de croquettes, il optera en général pour la marque la plus chère, celle qui lui offre le contenu le plus savoureux. Dans la maison, le chat va également revendiquer le coussin le plus moelleux, le lit le plus confortable ou le coin le plus douillet. Car le chat sait vivre… Voilà pourquoi il ne se satisfait que du meilleur.

Le chat ne s'estime digne que du nec plus ultra. À son exemple, nous devrions parfois opter pour ce qui se fait de mieux. En effet, la qualité est souvent synonyme de luxe, de fiabilité, de confort et d'agrément supplémentaire. Choisir le nec plus ultra, c'est se faire un cadeau bien mérité et s'octroyer une juste récompense au regard des efforts que nous fournissons au quotidien.

Soyez comme le chat, lorsque c'est possible, offrez-vous la qualité.

Parce que vous le valez bien !

Focaliser son attention

Cela m'a valu un regard d'une telle intensité que j'ai été incapable de l'interpréter – comme lorsque certains chats vous fixent de leurs prunelles. Ce qu'ils veulent signifier par ce regard va au-delà de l'entendement ; mais cela vous est destiné à vous et à vous seul.

DONALD JAMES

Lorsque le chat braque sur nous ses yeux immenses d'un air implorant et qu'il vient se frotter à nos jambes, il est clair qu'à cet instant, nous sommes l'objet de toute son attention. Face à un regard d'une telle intensité et à une concentration aussi totale, nous ne pouvons être que réceptifs et bien disposés.

De même, accorder notre pleine et entière attention est essentiel dans nos rapports aux autres. La vie moderne nous assaille de tant de sollicitations qu'il nous arrive souvent d'avoir la tête ailleurs. En conséquence, le fil de nos pensées est fréquemment interrompu, nous avons des sautes de concentration et la qualité de nos relations et de nos conversations en pâtit.

Sur ce point aussi, nous avons beaucoup à apprendre du chat. En focalisant pleinement notre attention, nous serons plus efficaces dans notre travail, plus réceptifs aux autres et plus perspicaces dans notre analyse des situations.

Faire bon usage du regard

Les deux chattes ne se bagarraient
jamais, du moins physiquement.
Elles s'affrontaient du regard,
dans un duel implacable.

Doris Lessing

Dans l'univers félin, le regard est un puissant moyen de communication. Lorsque deux chats rivaux se retrouvent face à face, leur affrontement commence toujours par un duel de regards. Le premier qui ferme les yeux ou qui regarde ailleurs signe sa capitulation.

Fait étrange, lorsqu'un chat entre dans une pièce remplie de monde, il va souvent être attiré par les gens qui n'aiment pas particulièrement les félins. Pourquoi ? Parce que ces personnes, qui justement s'efforcent de les ignorer, ont tendance à ne pas les regarder, alors que les amoureux des chats vont suivre leurs moindres faits et gestes. Le chat n'aime pas qu'on l'observe, cela le met mal à l'aise et il peut même l'interpréter comme une provocation. Du coup, si jamais vous soutenez le regard de votre chat, pensez à cligner des yeux. Cela le rassurera et il y a de fortes chances pour qu'il vous réponde sur le même mode.

Le chat se sent agressé lorsqu'on le regarde droit dans les yeux, mais c'est parfois valable pour nous aussi. À tel point que dans de nombreuses

cultures, fixer quelqu'un du regard est impoli. Bien entendu, il y a des exceptions à la règle. Des amoureux qui se contemplent avec tendresse ou des débatteurs qui se font face expriment simplement leur intérêt ou leur passion. Néanmoins, nous devons faire attention à ne pas trop dévisager les autres. Un regard prolongé risque fort de déranger notre vis-à-vis.

Au royaume des félins, un regard est souvent porteur de menaces. De notre côté, nous devons prendre garde à l'embarras ou au malaise que peut susciter un regard trop appuyé. Comme avec les chats, cligner des yeux et détourner le regard de temps en temps va rassurer notre interlocuteur et faire retomber la tension. Or, mettre notre partenaire à l'aise est la base d'un échange réussi.

Rester vigilant

Le chat qui dort
est toujours en éveil.

Fred Schwab

Le chat ne dort souvent que d'un œil, il n'aime pas que quelque chose échappe à sa vigilance. Qu'une porte s'ouvre ou qu'une occasion se présente, il est prompt à en profiter. De même, le chat dresse l'oreille dès qu'un son intéressant ou menaçant lui parvient.

Dans la vie, il est important de rester aux aguets. Car la roue tourne, sauf qu'on ne sait jamais dans quel sens ni à quel moment la chance va nous sourire. Voilà pourquoi nous devons être prêts à réagir en toutes circonstances.

Pour avancer dans la vie en profitant des raccourcis qu'elle vous offre, faites comme le chat : restez vigilant. Écoutez ce qui se dit, regardez ce qui se passe... Pour être le premier sur le coup, soyez dans l'air du temps.

Parce qu'on ne sait jamais.

Se fier à son instinct

Car le chat est un animal énigmatique, familier des choses étranges, invisibles aux hommes.

H. P. Lovecraft

Doté de sens affûtés, le chat est très conscient des conditions de son environnement ; il est même capable de pressentir les changements météorologiques. C'est pour cela que le chat a longtemps été associé à la mer. Les marins prenaient toujours à bord des « chats de navire pour faire la chasse aux rongeurs, mais aussi pour leur servir de baromètre sur pattes.

L'hypersensibilité du chat lui permet de percevoir toutes sortes de menaces. Les récits abondent en exemples de chats ayant averti leur maître d'un séisme imminent ou de tout autre danger domestique. Certains chats ont déjà prévenu d'un risque d'incendie en attirant l'attention de leur maître sur un appareil en surchauffe.

Bien que notre ouïe, notre vue et notre odorat ne puissent rivaliser avec ceux du chat, nous captons nous aussi des signaux, souvent à notre insu. Du coup, lorsque nous ressentons un malaise instinctif ou qu'une petite voix intérieure nous incite à la prudence, nous aurions tort de négliger ces avertissements.

Les sens surdéveloppés du chat lui permettent d'être très réceptif aux modifications, même infimes, de son environnement. Il laisse donc son ressenti guider ses choix, et cela lui réussit. Osons nous aussi nous fier à notre intuition. Bien souvent, elle nous mettra sur la bonne voie et nous détournera des chemins semés d'embûches.

Comme le chat, faites confiance à votre instinct et laissez-vous guider par votre voix intérieure. Elle est souvent de bon conseil.

Savoir tourner la page

Une expression craquante,
un ronron, et voilà
la grosse bêtise oubliée.

Anonyme

Il n'y a guère de chats qui ne fassent un jour une bêtise dans la maison. Mon chat Roly avait renversé un très beau vase, ce qui avait causé énormément de peine à ma mère qui y tenait beaucoup. Je me souviens encore de la façon dont Roly s'était esquivé en douce, tout penaud, tandis que ma mère et moi ramassions les débris. Mon chat avait fait profil bas jusqu'au soir.

Mais dès le lendemain, Roly avait retrouvé toute sa hardiesse. Il avait tourné la page, même s'il ne s'est plus jamais approché de l'étagère où s'était produit l'incident.

La vie n'est pas exempte d'accidents et de mésaventures. Pourtant, à l'instar de Roly et de tous les chats qui ont un jour commis une bêtise, nous devrions nous souvenir qu'il ne sert à rien de pleurer sur le lait renversé. Il faut au contraire apprendre de ses erreurs et repartir du bon pied.

Nous pouvons regretter nos bêtises, nos erreurs et nos torts, mais cela ne doit jamais nous

empêcher d'aller de l'avant. Les expériences forgent la sagesse, parfois au prix d'un vase ou d'un cœur brisé… Mais pour passer à autre chose, il faut savoir tourner la page.

Apprécier la routine

Toute famille comptant au moins un félin parmi ses membres n'a plus besoin de réveil.

Louise A. Belcher

On dit souvent que « les chats sont des êtres d'habitude. De fait, le chat accorde une grande importance à la routine et chérit son train-train quotidien. Il sait très bien à quelle heure se lèvent ses maîtres et va jusqu'à les tirer du lit en cas de panne d'oreiller. Le chat semble même connaître les horaires de travail de tous les membres de la famille. Quelques instants à peine avant leur retour, il se poste à la porte pour les accueillir.

Preuve que le chat possède une excellente horloge interne.

Le chat connaît également le moment des repasx– qu'il attend avec impatience – ainsi que l'heure à laquelle ses maîtres s'installent sur le canapé pour sa rituelle séance de caresses du soir.

La routine donne un cadre à la vie du chat et l'aide à prévoir sa journée. Nous conformer à une routine nous permet également d'être plus efficaces, mieux organisés et nous fait parfois gagner du temps, ce bien si précieux de nos jours.

Le chat aime la routine et vous auriez beaucoup à gagner à réfléchir à la vôtre, ainsi qu'à la planification de vos activités quotidiennes. Cela vous permettra d'optimiser le temps dont vous disposez.

Être convaincant

*Il est bien sûr parfaitement inutile
d'appeler un chat pris dans le feu
de l'action. Il reste sourd aux absurdes
interruptions des humains. Il continue
de mener sa vie de chat, avec
un sérieux et un engagement sans faille.*

John D. MacDonald

Quand on lui présente un nouveau jouet, le chat va le considérer avec grand intérêt, le tâter du bout des griffes, le flairer et le retourner d'un coup de patte pour voir ce qu'il a dans le ventre (un grelot ?). Quoi qu'il en soit, il s'y attaque avec une prodigieuse intensité, et ce, pour notre plus grand amusement.

Mais cela va plus loin.

La passion qui habite le chat dans ces moments-là, sa concentration et l'énergie qu'il déploie agissent sur nous comme un aimant… Nous le regardons faire avec fascination.

C'est l'effet que produit l'enthousiasme sur le public.

Lorsque vous manifestez de l'enthousiasme, il se communique aux autres, les séduit et les entraîne. Car, oui ! l'enthousiasme est un sentiment contagieux. Et tout comme le chat sait conquérir notre attention par son engagement total, l'enthousiasme que nous dégageons peut être source de joie, d'élan et d'inspiration pour notre entourage.

Quand vous vous engagez dans une activité, injectez-y une bonne dose d'enthousiasme ! Vous verrez, cela change tout ! Comme le chat, vous éveillerez plus vite l'intérêt des autres et vous les rallierez plus aisément à votre cause.

L'enthousiasme est un aimant. Son pouvoir d'attraction est immense.

Appeler un chat un chat

Les chats adressent
leurs requêtes avec clarté.

Walter Savage Landor

Tout propriétaire de chat sait que son petit félin émet un miaulement distinct pour chaque situation, et il apprend vite à les reconnaître. Il y a le miaulement « je veux sortir ou « je veux entrer, le miaulement affectueux « occupe-toi de moi, le miaulement agacé ou le miaulement « donne-moi à manger. Chaque modulation est une façon de nous dire ce qu'il veut et malgré un répertoire limité, le chat sait remarquablement se faire comprendre.

Il est important de savoir attirer l'attention des autres sur ce que vous voulez, surtout lorsque vous vous adressez à des personnes qui n'ont pas que cela à faire. Le chat, lui, n'y va pas par quatre chemins. Il émet un miaulement particulier – en général, cela suffit. Ce comportement a l'avantage d'être clair et d'éviter les malentendus. Pour le chat, être direct est l'assurance d'obtenir *exactement* ce qu'il veut.

De même que le chat sait attirer notre attention et nous éclairer sur sa requête sans la moindre ambiguïté, vous avez tout avantage à être clair et

précis dans votre discours. Appelez un chat un chat : il n'y a pas de meilleur moyen d'obtenir ce que vous voulez. C'est, dans sa grande sagesse, ce que fait un chat qui miaule.

Monter au créneau

Certaines personnes prétendent
que l'homme est l'animal
le plus dangereux de la planète.
De toute évidence, ces gens-là
n'ont jamais vu de chat en colère.

Lilian Johnson

La plupart des chats évitent la confrontation, mais lorsqu'il s'agit de défendre leur territoire ou leur position, ils n'hésitent pas à monter au créneau.

Tout comme le chat est prêt à en découdre lorsque les circonstances l'exigent, nous sommes parfois obligés de taper du poing sur la table pour défendre ce qui nous tient à cœur, y compris nos principes et nos convictions. Nous ne recherchons pas forcément l'affrontement, nous n'aimons pas forcément la bagarre, mais quand il s'agit de défendre nos intérêts, les autres doivent savoir que nous sommes prêts à nous battre.

Le chat est un animal assez tolérant, mais il sait prendre position et *se faire entendre* lorsque la situation l'exige. En dépit de sa petite taille, le chat n'est pas un adversaire facile et il parvient souvent à obtenir gain de cause. Quand l'enjeu est d'importance, nous devons nous aussi communiquer notre position de façon claire : montrer sa détermination est la meilleure arme de dissuasion.

Quand il le faut, le chat sait être un redoutable adversaire. Nous aussi.

Penser gagnant-gagnant

*Quiconque n'est pas disposé
à gâter un chat doit s'attendre à être
récompensé en conséquence.*

Sir Compton MacKenzie

Pour nous, le chat est un rayon de soleil dans la maison. Cela tombe bien : le chat aime vivre chez nous. Il apprécie la sécurité et le confort du foyer ainsi que l'assurance d'avoir sa gamelle toujours bien garnie.

En échange, le chat nous offre sa compagnie apaisante, dont les bienfaits sur notre équilibre physique et mental ne sont plus à démontrer. En accueillant un chat dans notre maison, nous profitons donc nous aussi de sa présence. Il s'agit là d'une relation de réciprocité réussie puisque nous sommes tous deux gagnants dans l'affaire ! Pour ce qui est du chat, cela n'étonnera personne, vu sa légendaire capacité à savoir où est son intérêt…

Ce principe du gagnant-gagnant est à rechercher dans beaucoup de domaines. Au fur et à mesure que nous avançons dans la vie, nous multiplions les accords, contrats et engagements de toute sorte. D'où l'intérêt de négocier des arrangements pour aboutir à des solutions où toutes les parties trouvent leur compte. Le chat nous donne de lui autant qu'il reçoit de nous. Pourquoi ne pas

rechercher nous aussi, dans certains compartiments de notre vie, la satisfaction mutuelle dans l'échange ?

« Penser gagnant-gagnant, c'est l'une des sept habitudes établies par Stephen R. Covey dans son ouvrage *Les 7 habitudes de ceux qui réalisent tout ce qu'ils entreprennent.* Comme il le souligne : « Penser gagnant-gagnant, c'est considérer la vie comme un cercle coopératif dans lequel « chaque partie a droit à sa part du gâteau qui, du coup, prend une tout autre saveur ! ».

Nul doute que le chat, grand spécialiste des rapports « gagnant-gagnant, approuverait sans réserve.

Évoluer avec prestance

Le chat ne prend jamais une pose qui ne soit pas photogénique.

Lilian Jackson Braun

Lorsqu'il s'aventure au-dehors, le chat se déplace avec dignité et élégance. Un beau port de tête, un corps souple et délié, une queue gracieuse lui composent une séduisante silhouette. Et ses mouvements lents et mesurés ajoutent encore à son côté chic. Oui, à bien des égards, le chat peut se targuer d'avoir de la classe : un vrai régal pour les yeux.

En cela aussi, nous devrions nous inspirer du chat : surveiller notre allure et soigner notre maintien. Une silhouette avachie et une démarche traînante peuvent suggérer une attitude « je-m'en-foutiste, alors que si vous marchez la tête haute et le regard droit, il émanera de vous une dignité et une assurance qui joueront largement en votre faveur.

Le chat possède une élégance naturelle. En travaillant notre maintien et notre démarche, nous améliorerons notre prestance, mais également notre regard sur nous-mêmes.

Assurer son autonomie

*Une chatte prend soin d'entretenir
ses griffes, car elle sait que ronronner
ne suffit pas toujours.*

ANONYME

Même si notre chat bénéficie d'un service de repas à domicile, il aime bien entretenir ses talents de chasseur. Cela lui permet de ne pas perdre la patte, au cas où il devrait un jour subvenir seul à ses besoins.

Certes, notre vision de l'autonomie est très différente de celle du chat. Cependant, nous avons tout intérêt à entretenir nos compétences et à ajouter de nouvelles cordes à notre arc. Cette formation continue nous servira toujours, à long comme à court terme. Que vous souhaitiez améliorer votre situation professionnelle et financière en acquérant de nouveaux savoir-faire ou que vous cherchiez à moins dépendre des autres en développant vos aptitudes, vous vous apercevrez qu'il est toujours gratifiant de croire en soi et en ses capacités.

Vous avez tout en vous pour réussir.

Faites comme le chat : cultivez vos talents et entretenez vos compétences, c'est toujours payant en matière d'autonomie.

Maîtriser son environnement

Le chat ne sort pas pour aller se promener, il part en exploration.

Sidney Denham

Le chat aime élaborer une carte mentale de son environnement et de son territoire. Cela lui permet d'avoir des repères fixes, de répertorier les meilleurs coins (les plus fréquentés par les souris, par exemple, ou ceux où il fait bon dormir) et d'éviter les zones à risques. Ce quadrillage du terrain lui rend bien des services et le préserve des mauvaises surprises. Aussi, le chat se fait-il un devoir d'effectuer une ronde quotidienne, afin de vérifier que rien n'a bougé en son absence.

Cette maîtrise de l'environnement proche peut également nous servir, à la maison, en particulier. Savoir où sont les choses – et opter pour un rangement rationnel – nous fait gagner en ordre, en organisation et en efficacité. Nous avons donc tout intérêt à maintenir un environnement stable et un espace de travail rangé. Cette précaution nous évitera déjà de perdre beaucoup de temps en vaines recherches.

Une place pour chaque chose et chaque chose à sa place. Faites donc comme le chat : maîtrisez votre environnement.

Évaluer les difficultés

Contrairement à nous, le chat n'est jamais blasé : il prend toujours plaisir à exploiter ses aptitudes félines et ne s'impose aucune limite définitive. Le chat, me semble-t-il, n'a d'autre but dans l'existence que de réaliser toutes ses ambitions.

IRVING TOWNSEND

Lorsqu'un chat s'apprête à sauter, il se concentre sur son point de chute : il jauge l'effort à fournir et la distance qui le sépare de son objectif. Même si le déplacement est ambitieux et sous-entend un atterrissage acrobatique, le chat réussit en général à se poser sans dommage. Car c'est un « expert-appréciateur agréé.

Nous devrions en prendre de la graine.

Lorsque vous avez une ambition derrière la tête, ne bâclez pas la phase préparatoire : prenez le temps d'évaluer les exigences et les difficultés de votre objectif. Plutôt que de vous lancer à l'aveuglette, soignez votre préparation et faites le point sur les implications de votre projet. Vous augmenterez ainsi vos chances de le réaliser dans les meilleures conditions.

Faites comme le chat, donnez-vous les moyens de réussir : avant de vous lancer, évaluez les difficultés et préparez le terrain.

Avancer sans masque

Il n'y a pas
de chats ordinaires.

Colette

Le chat se montre tel qu'il est. Avec lui, la première impression est toujours la bonne. Dès le début, vous saurez si vous avez affaire à un timide, à un sentimental, à une fripouille, à un ronchon (genre « fichez-moi la paix) ou à un hypersociable. D'emblée, le chat affiche la couleur et par là même nous facilite son approche.

Il est également souhaitable d'introduire une certaine dose de transparence dans notre vie sociale. Si vous vous montrez francs et ouverts dès le premier abord, vous donnez aux autres le moyen de vous estimer tout de suite à votre juste valeur : vos relations et vos interactions s'en trouveront souvent améliorées.

Par exemple, si l'on vous présente à quelqu'un ou si vous entamez une conversation avec un inconnu, pourquoi ne pas mentionner l'une de vos passions ou lui confier une anecdote originale vous concernant ? Sans oublier, bien entendu, de vous intéresser à votre interlocuteur ainsi qu'à ses propos. Vous établirez plus facile-

ment le contact et vous pourrez même vous faire des amis.

En nous révélant son caractère, ses goûts et ses craintes, le chat nous facilite la tâche. Faites comme lui : avancez sans masque, avec naturel ! Vos premiers contacts avec les autres n'en seront que plus chaleureux et, en fin de compte, plus gratifiants.

Exprimer sa satisfaction

Chez elle, le ronron semble être une soupape de sécurité destinée à réguler son trop-plein de bonheur.

Monica Edwards

Un chat qui ronronne est le plus souvent un chat satisfait. Qu'on le caresse, qu'on le brosse ou qu'il retrouve quelqu'un qu'il aime – bipède ou congénère –, il va signaler son plaisir par un ronron plus ou moins sonore. Cependant, le chat peut également ronronner pour se rassurer ou se réconforter lorsqu'il est souffrant.

Dans tous les cas, un chat qui ronronne se fait du bien. Pourquoi ne pas suivre son exemple ? Certes, il n'est pas question de nous mettre à ronronner ! Mais nous avons d'autres moyens pour exprimer notre satisfaction, tous également bénéfiques à notre moral. Chanter, siffloter ou fredonner vous mettra de bonne humeur et stimulera votre entourage (à condition bien sûr que vous ne chantiez pas comme une casserole !).

Si vous ne pouvez pas ronronner, n'hésitez pas à fredonner ! L'essentiel, c'est de se faire du bien en exprimant sa satisfaction.

Apposer sa griffe

Le temps ne pourra jamais effacer
le souvenir d'un chat aimé, et aucune
brosse adhésive ne pourra jamais
ôter tous ses poils du canapé.

LEO DWORKEN

Le caractère extrêmement territorial du chat fait de lui le grand spécialiste du marquage. Il peut s'agir d'un marquage olfactif ou d'un signe plus visuel, telles les griffures dont il va gratifier certains objets.

Si le chat tient tant à imprimer son territoire, c'est que par ce biais, il laisse un message clair aux autres. Mais apposer notre griffe, nous le faisons aussi ! Notre marque, c'est notre signature, voilà pourquoi nous devrions la soigner tout particulièrement. Votre signature, c'est *vous*, elle vous représente, vous incarne. En la personnalisant par une fioriture distinctive – boucle, soulignage ou majuscule – vous renforcerez votre sentiment d'identité.

De même que chaque chat possède un marquage qui lui est propre, la signature est le reflet de notre personnalité.

Soignez donc votre signature, c'est l'empreinte que vous laissez de vous.

Ne jamais renoncer à ses rêves

*Les chats ont le sens de l'humour,
comme l'indique leur passion pour
le jeu. Un chat d'âge mûr mettra
souvent autant d'engagement à jouer
qu'un chaton, même s'il sait très
bien que ce n'est qu'un jeu.*

William Lyon Phelps

Les chatons sont très joueurs. Le jeu, véritable apprentissage de la vie, leur permet d'explorer leurs aptitudes physiques et de développer leur sociabilité. Cependant, les chatons grandissent très vite et, dès l'âge de cinq mois, leur comportement change.

Mais au fond de soi, on ne change pas.

Si un chat adulte a l'occasion de jouer ou, dans l'idéal, si vous avez l'habitude de jouer avec votre petit félin, vous verrez qu'il ne demande pas mieux. À nous de retenir la leçon.

Peut-être avez-vous rêvé, à une époque, de vous perfectionner dans un domaine, de découvrir une certaine partie du globe, d'écrire un livre… Si c'est le cas, pourquoi ne pas remettre ce projet à l'ordre du jour ? Peut-être n'est-il pas trop tard pour le réaliser…

Ainsi que le chat nous le montre souvent, il n'est jamais trop tard pour retrouver la joie et les plaisirs du jeu. Ce n'est pas parce qu'à une époque vous avez renoncé à un passe-temps ou à un rêve,

que son abandon doit être pour autant définitif. Vous pouvez toujours retrouver la motivation, relancer un projet, reprendre un hobby, ranimer une envie de jeunesse.

Dans la vie, il n'est jamais trop tard… Essayez, on ne sait jamais. Vous serez peut-être surpris du résultat.

Respecter son rythme biologique

Le chat a de tout temps été associé à la lune. Comme la lune, il se lève la nuit, échappe au monde des humains et déambule sur les toits, balayant l'obscurité de ses yeux lumineux.

Patricia Dale-Green

Dans la journée, le chat se la coule douce : il dort, il ouvre un œil, il repique un roupillon et, entre deux sommes, il part en tournée d'inspection sur son territoire. À l'aube et au crépuscule, en revanche, le chat est pris d'un regain d'énergie. C'est l'heure où il rôdaille, furète, explore, chasse et, parfois, commet des bêtises. Car le chat est synchrone avec son horloge interne : c'est le seul critère qui régit ses activités.

Tout comme le chat tire le meilleur parti des heures où il se sent le plus dynamique, vous devriez vous aussi organiser vos journées en fonction de votre rythme biologique et, si possible, réserver les tâches les plus ardues et les activités les plus importantes pour les moments où vous vous sentez au mieux de votre forme. Pour certains, ce sera tôt le matin, pour d'autres, tard le soir, mais dans tous les cas, faites comme le chat : soyez attentif aux signaux que vous envoie votre corps, respectez votre rythme biologique et optimisez vos journées en fonction de vos pics d'énergie.

Pour conclure

*Le temps passé avec un chat
n'est jamais du temps perdu.*

Sigmund Freud

Dans le monde entier, on célèbre le chat de bien des manières. Bastet, la déesse à tête de chat, était déjà vénérée dans l'Égypte ancienne et, de tout temps, les chats ont été appréciés pour leur talent de chasseur – leur rôle dans l'endiguement des épidémies de peste est reconnu. On ne sait pas avec certitude à quelle date le chat a été domestiqué – il y aurait environ 9 500 ans – mais il y a bien longtemps qu'il accompagne le quotidien des humains. Aujourd'hui, les chats sont partout. S'ils honorent de nombreux foyers de leur présence, ils se sont également immiscés dans la littérature, la peinture, la sculpture et la musique. Ils se sont frayé un chemin sur scène comme à l'écran. Le chat est omniprésent dans notre culture… y compris à la maison où il est un compagnon de tous les instants.

Alors que cet ouvrage tire à sa fin, prenez le temps de réfléchir à la place qu'occupe le chat dans votre vie, à ce que les chats vous ont apporté de positif au quotidien. Songez à tous les moments d'intimité que vous avez partagés, aux échanges muets qui ont eu lieu entre vous. Le chat vous a

regardé, vous avez cligné des yeux et, en guise de réponse, il a fermé les siens, le temps d'une seconde. Souvenez-vous des fois où vous avez ri de plaisir devant les cabrioles et les gambades de votre chat. Ou du réconfort qu'il vous a procuré en venant se blottir contre vous, un jour où vous étiez souffrant.

Le chat nous offre des instants de bonheur inoubliables.

Chérissez ces moments, ils sont précieux.

Le chat embellit notre vie ; il nous suffit de nous remémorer une anecdote le concernant pour qu'aussitôt, notre visage s'illumine et notre moral remonte.

Le chat est un être unique… par sa sagesse et par le bien-être qu'il nous procure.

Liste des leçons par ordre alphabétique

Remerciements

Si mes chats et ceux des autres m'ont beaucoup aidé à compiler les entrées de cet ouvrage, je veux également adresser des remerciements aux membres de ma famille – Ros, Richard et Emily – dont les idées et les souvenirs ont nourri mon inspiration. Mention spéciale à mes parents, Peggy et Don, qui ont encouragé mon amour des chats, à mon éditrice chez HarperCollins, Carolyn Thorne, pour son formidable enthousiasme, sans oublier Barbara Smith, Joan Moules, Barbara Booker et Rene Scott pour la confiance et le soutien qu'ils m'ont témoignés. Je remercie également David Finnerty : encore une fois, quel plaisir de pouvoir échanger des anecdotes de chat ! Merci à eux, mais aussi à vous pour l'intérêt que vous portez à *La Sagesse du Chat*.

Achevé d'imprimer en février 2018
sur les presses de la Nouvelle Imprimerie Laballery
58500 Clamecy
Dépôt légal : février 2018
N° d'impression : 802119

Imprimé en France

La **N**ouvelle **I**mprimerie **L**aballery est titulaire de la marque Imprim'Vert®